AF364055

SUPPLEMENT

TRANSPOSÉ

EN PLAIN CHANT

Pour faciliter l'Execution

DES

ESSAIS

DE NOUVELLE PSALMODIE

a Une, Deux ou Trois Voix

à l'usage des Eglises Cathédrales,

Collégiales, Paroisses, Seminaires,

Couvents, &c.

Par Mr. l'Abbé GUICHARD

de la Musique de N.D.

À PARIS

Aux Adresses ordinaires.

Et Chez BIGNON Graveur, Place du Louvre,

à l'Accord parfait.

AVERTISSEMENT.

Ces Essais de nouvelle Psalmodie ayant eté
exécutés pour la premiere fois dans l'Eglise de
Notre Dame de Paris, le 31 Juillet 1783, ont produit
le plus grand effet* en observant ce qui suit.
Dans les Eglises Cathédrales, où le Trio, ou Quatuor
se trouveront complets, les Dessus pourront prendre
l'octave du Chant principal, conformément au Ton de
l'Orgue, ou du Serpent qui donneront le Ton avant
l'Intonnation, afin que les Voix ne soient pas gênées.
Quant aux Eglises où le nombre des Voix seroit moins
complet, même celles où l'on ne pourroit excecuter
ces chants qu'à trois Voix égales, il sera toujours néces-
saire de prendre le Ton de l'Orgue, ou du Serpent,
qui alors transposeroit relativement à l'étendue des
Voix qu'il seroit dans le cas d'accompagner.
Il ne sera pas moins essentiel de faire attention
aux syllabes, liaisons, ou repos, qui se trouvent
dans les phrases du Chant, afin d'en maintenir
l'ensemble.

* Voyez les Journeaux de ce tems.
V.^t ad finem pag. 8.

N.º I. **MAGNIFICAT**

en UT Majeur.

Inton.

Et exultavit ſpiritus meus, in Deo ſalutari meo;

Et exultavit ſpiritus meus, in Deo ſalutari meo;

N.º 2. MAGNIFICAT en LA Mineur

Subſtitué au Ton d'UT Mineur.

Inton.

Et exultavit ſpiritus meus, in Deo ſalutari meo;

N.º 3. MAGNIFICAT en UT Majeur
Subftitué au Ton de RE Majeur.
Inton.
Magni-ficat anima mea Dominum.
Et exultavit fpiritus meus, in Deo falutari meo;
Et exultavit fpiritus meus, in Deo falutari meo;
Et exultavit fpiritus meus, in Deo falutari meo;
N.º 4. MAGNIFICAT en LA Mineur
Subftitué au Ton de RE Mineur.
Inton.
Magni-ficat anima mea Dominum.
Et exultavit fpiritus meus, in Deo falutari meo;
Et exultavit fpiritus meus, in Deo falutari meo;
Et exultavit fpiritus meus, in Deo falutari meo;

N°. 5. MAGNIFICAT en UT Majeur
Subſtitué au Ton de MI Majeur.
Inton.
Magni-ſicat anima mea Dominum.
Et exultavit ſpiritus meus, in Deo ſalutari meo;
Et exultavit ſpiritus meus, in Deo ſalutari meo;
Et exultavit ſpiritus meus, in Deo ſalutari meo;
N°. 6. MAGNIFICAT en UT Mineur
Subſtitué au Ton de MI Mineur.
Inton.
Magni-ſicat anima mea Dominum.
Et exultavit ſpiritus meus, in Deo ſalutari meo;
Et exultavit ſpiritus meus, in Deo ſalutari meo;
Et exultavit ſpiritus meus, in Deo ſalutari meo;

N.º 7. MAGNIFICAT

en FA Majeur.

N.º 8. MAGNIFICAT en RE Mineur

Subſtitue´ au Ton de FA Mineur.

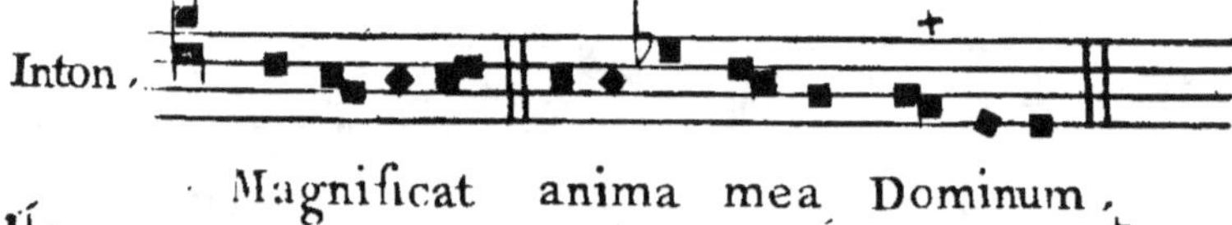

N.º 9.   MAGNIFICAT

en SOL Majeur,

N.º 10. MAGNIFICAT en LA Mineur

Subftitué au Ton de SOL Mineur,

Nᵒ. II. MAGNIFICAT en SOL Majeur

Subſtitué au Ton de LA Majeur,

Inton.

Nᵒ. 12. MAGNIFICAT

en LA Mineur,

Inton.

N.º 13. **MAGNIFICAT**

en SI Majeur.

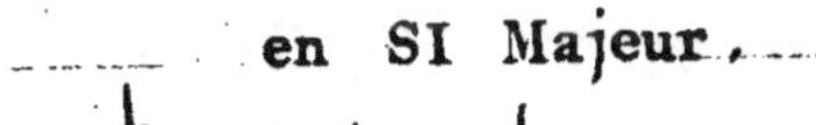

Inton.

Magni ficat anima mea Dominum.

Et exultavit spiritus meus, in Deo salutari meo;

Et exultavit spiritus meus, in Deo salutari meo;

Et exultavit spiritus meus, in Deo salutari meo;

Nº 14. MAGNIFICAT en LA Mineur

Substitué au Ton de SI Mineur,

Inton

Magnificat anima mea Dominum.

Et exultavit spiritus meus, in Deo salutari meo;

Et exultavit spiritus meus, in Deo salutari meo;

Et exultavit spiritus meus, in Deo salutari meo;

8

Extrait Du Journal De Paris
Du 10 Aoust 1783
Et autres Journaux Litteraires
de la même année.

On a exécuté Jeudi 31 Juillet dans l'Eglise de
Notre Dame, les Essais d'une Nouvelle Psalmodie
en Faux Bourdon, à une, Deux ou trois Voix:
Divisés en Sept tons majeurs et mineurs.
Dédiés à Mr. L'Abbé De Montagu Doyen
De L'Eglise De Paris, Abbé de Rémy:
De L'invention et de la Composition de Mr.
L'Abbé Guichard, l'un des Musiciens de cette Eglise.

Le Chant de cette Nouvelle Psalmodie est Si
facile et Si naturel, que tous les assistans, hommes
femmes, filles, Garçons, Sans être Musiciens ni
Musiciennes, et Sans même S'en douter et S'en
appercevoir, faisoient, Suivant la nature et
l'a portée de leur voix, non Seulement le dessus
mais la haute Contre, la taille et la Basse, et
en remplissoient les differens accords, ce qui forma
un Concert aussi admirable que Surprenant
dans l'Exécution, et même d'un nouveau genre
et d'un goût nouveau.

Les harmoniques Modulations de cette Nouvelle
Psalmodie ont paru Si Sçavantes et Si bien
imaginées, qu'elles ont obtenu le Suffrage
unanime des Connoisseurs et des Maîtres De
L'Art, parmi lesquels on Distingue Mr. L'Abbé
Duguet Mr. De Musique de Notre Dame, et
de Plusieurs célebres Musiciens de la Chapelle du
Roi.

Cette nouvelle Psalmodie a été depuis exécuté dans plusieurs autres Eglises, Séminaires et Communautés de Paris, et même dans des Abbayes de filles; Elle a partout été reçue et chantée avec Enthousiasme et applaudissement; Et c'est pour la facilité de ceux qui ne sçavent point la Musique, que Mr. L'Abbé Guichard a de plus ingénieusement imaginé de mettre à la fin de Son livre, une transposition en plein chant, répondante à chacun des 14 tons de Son Magnificat en Musique.

L'Auteur, déja connu par Ses talens, a été Conseillé de faire présenter au Pape, plusieurs Exemplaires de Son livre: Sa Sainteté après avoir fait Exécuter en Sa présence cette nouvelle Psalmodie dans quelques unes des Eglises de Rome, a honoré le Sr. Abbé Guichard D'un Bref, dans lequel elle lui témoigne Sa Satisfaction, celle du Sacré Collège, et de toute L'Eglise Romaine; et l'invite en même temps de venir à Rome, pour Juger par lui même, Si l'on Exécute bien Sa nouvelle Psalmodie.

C'est Sans doute par modestie que Mr. L'Abbé Guichard S'en abstenu de faire insérer et imprimer dans ce livre, les Art[icles] des différens Journaux qui ont parlé du Chef-D'œuvre de Sa nouvelle Psalmodie.

On assure que le zélé Musicien travaille à donner un chant plus Correct et plus coulant aux

aux hymnes sacrées de Santeuil
adoptées par tout le Clergé Séculier et
Régulier des Eglises de France. S'il
réüssit dans cette entreprise, comme
dans sa nouvelle Psalmodie, l'Eglise
Gallicane lui en aura particulierement
une grande obligation. On scait combien
le Chant de la pluspart de ces belles
hymnes là est dur et raboteux, et peu
Expressif de la majesté des pensées, et
du Sublime enthousiasme de la
Versification

Stupete Gentes fit Deus hostia &c.